Geschichten aus
DER WIND
IN DEN WEIDEN

von
Kenneth Grahame

Mit Illustrationen von Val Biro

echter

Am Flussufer

Den ganzen Morgen über hatte der Maulwurf beim Frühjahrsputz in seinem Häuschen wie wild gearbeitet. Plötzlich warf er seinen Besen zu Boden und rief: »Ach, was soll's!« und dann: »Zum Teufel mit dem Frühjahrsputz!«, und mit einem Satz war er aus dem Haus. So schnell, dass er nicht mal mehr seinen Mantel anzog.

Der Sonnenschein wärmte sein Fell, und eigentlich war er so richtig mit sich und der Welt zufrieden, als er mit einem Mal am Rand eines Flusses stand, der gerade sehr viel Wasser führte. Noch nie zuvor in seinem ganzen Leben hatte er einen Fluss gesehen.

»Hallo Maulwurf!«, rief eine Wasserratte vom gegenüber-
liegenden Ufer.

»Hallo Ratte!«, antwortete der Maulwurf.

»Möchtest du rüberkommen?«, wollte die Ratte wissen.

»Na ja, eigentlich schon, aber…«

Die Ratte bückte sich, löste ein Seil und zog ein kleines Boot
zu sich heran, in das sie stieg. Flink ruderte sie ans andere
Ufer.

Der Maulwurf kam zögernd angelaufen. »Stütz dich hier
auf!«, sagte die Ratte. »So, jetzt mach einen kräftigen
Schritt!« – und schon saß der Maulwurf zu seiner Überraschung und ganz begeistert im Heck des Bootes.

»Was für ein wunderschöner Tag!«, sagte er, als die Ratte abstieß und zu rudern begann. »Weißt du, ich hab noch nie in meinem Leben in einem Boot gesessen.«

»Was?«, rief die Ratte mit vor Staunen weit geöffnetem Mund. »Du warst noch nie in einem – du hast noch nie – na ja, also ich meine – was hast du denn dann gemacht?«

»Ist das immer so schön wie jetzt?«, entgegnete der Maulwurf schüchtern.

»Schön? Was Besseres gibt es gar nicht«, sagte die Ratte, als sie sich zum nächsten Ruderschlag nach vorne beugte.

»Glaub mir, junger Freund, es gibt nichts, aber auch wirklich gar nichts, das auch nur halb so viel Spaß macht, als einfach nur so in einem Boot herumzuschippern. Hör zu! Wenn du heute morgen nichts anderes zu tun hast, was hältst du dann davon, wenn wir zusammen den Fluss hinunterfahren und uns einen schönen Tag machen?«

Vor lauter Freude wackelte der Maulwurf mit den Zehen.

»Was für ein Glück ich heute habe!«, rief er. »Lass uns gleich losfahren!«

»Einen Augenblick!«, sagte die Ratte. Sie machte die Bootsleine fest und verschwand in ihrem Loch. Nach geraumer Zeit kam sie wieder zum Vorschein mit einem vollgepackten, aus Weiden geflochtenen Picknickkorb.

»Verstau das unter deinem Sitz«, sagte sie zum Maulwurf, als sie den Korb ins Boot hinunterreichte.

»Was ist denn da drin?«, wollte der Maulwurf wissen.

»Kaltes Hähnchen«, antwortete die Ratte, und dann ratterte sie los: »Kaltezungekalterschinkenkaltesrindfleischsauregurkensalatbrötchenkressebroteeingelegtesfleischingwerbierlimonadesprudel – «

»Hör auf, hör auf!«, rief der Maulwurf, »das ist zuviel auf einmal!«

Der Maulwurf, verzaubert von all dem Glitzern und Plätschern, von all den Düften und Klängen und dem Sonnenlicht, zog eine Pfote im Wasser hinter sich her und träumte vor sich hin. Weil die Wasserratte nun einmal so ein gutes Kerlchen war, ruderte sie gleichmäßig weiter und störte ihn nicht.

»Was ist denn das da drüben?«, fragte der Maulwurf und deutete mit einer Pfote zu einem Waldstück im Hintergrund hinüber, das die Wiesen am Wasser dunkel umschloss.

»Das? Ach, das ist der Wilde Wald«, sagte die Ratte kurz.

»Wir Uferbewohner gehen da nur ungern hin.«

»Wohnen da – keine netten Leute?«, fragte der Maulwurf ein bisschen nervös.

»Na ja, mmh«, antwortete die Ratte, »man kann ihnen nun einmal nicht richtig trauen, das ist halt mal so.«

Der Maulwurf wusste sehr wohl, dass es sich unter Tieren nicht schickt, mehr darüber zu reden, und so gab er sich mit dieser Antwort zufrieden.

»So!«, sagte die Ratte nach einer Weile, »hier ist endlich der kleine Stausee, wo wir zu Mittag essen werden.«

Sie brachte das Boot längsseits ans Ufer, befestigte es, half dem noch immer etwas ungeschickten Maulwurf ans Ufer und holte den Picknickkorb heraus. Der Maulwurf bat darum, alles ganz alleine auspacken zu dürfen, und die Ratte ließ ihn gerne gewähren.

Als alles bereit war, sagte sie: »So, jetzt greif zu, mein Freund!«, und der Maulwurf ließ sich das nicht zweimal sagen, hatte er doch schon ganz früh am Morgen mit dem Frühjahrsputz begonnen und seither nichts mehr gegessen.

Genau in diesem Augenblick schaute ein breites, glitzriges
Maul über dem Rand des Ufers hervor. Es gehörte einem
Otter, der an Land kletterte und sich das Wasser aus dem
Pelz schüttelte.

»Ihr alten Geizkragen!«, sagte er und machte sich gleich über
das Essen her. »Warum hast du mich nicht eingeladen, Ratty?«

»Das war eine spontane Sache«, rechtfertigte sich die Ratte.
»Übrigens – Herr Maulwurf, mein Freund.«

»Angenehm!«, sagte der Otter.

Plötzlich war in der Hecke hinter ihnen ein Rascheln zu hören,
und als sie sich umschauten, sahen sie einen gestreiften Kopf
mit hohen Schultern hervorragen.

»Komm schon, Dachs, alter Junge!«, rief die Ratte.

Der Dachs tappte einen Schritt nach vorn und brummelte:
»Hm, Gesellschaft!«, drehte sich um und verschwand wieder.

»Das sieht ihm ähnlich!«, sagte die Ratte enttäuscht. »Aber er hasst eben alle Gesellschaft. Jetzt werden wir für heute nichts mehr von ihm hören. Nun ja«, wandte sie sich an den Otter, »was gibt es Neues vom Fluss?«

»Neues – also der Kröterich zum Beispiel«, antwortete der Otter, »hat jetzt nicht nur ein nagelneues Boot, sondern auch neue Klamotten. Eigentlich ist alles an ihm neu.«

Die beiden Tiere schauten einander vielsagend an und lachten.

»Früher einmal, da ging ihm nichts über das Segeln«, sagte die Ratte, »dann verlor er die Lust daran und begann Stechkahn zu fahren. Es ist immer dasselbe. Egal was er anfängt, er verliert irgendwann die Lust daran.«

»Und dabei ist er so ein guter Kerl«, fügte der Otter hinzu, »aber ohne jede Ausdauer – vor allem, was Boote angeht.«

Eine Maifliege schwirrte summend im Zickzack vorbei. Da machte es »Plopp!«, und die Maifliege war nicht mehr zu sehen. Auch der Otter nicht.

Die Ratte begann vor sich hinzusingen, und der Maulwurf erinnerte sich daran, dass der gute Ton unter den Tieren es verbot, über das plötzliche Verschwinden von Freunden, egal zu welchem Zeitpunkt, sei es mit oder ohne Grund, irgendeine Bemerkung zu machen.

»Ich denke, wir sollten uns auf den Weg machen«, sagte die Ratte dann.

Die Nachmittagssonne stand schon tief, als sie das Boot heimwärts wendete. Sie war in einer verträumten Stimmung, murmelte Verse vor sich hin und kümmerte sich nicht allzusehr um den Maulwurf. Der wurde ein bisschen unruhig, und nach einer Weile sagte er: »Ratty, bitte, jetzt will ich auch mal rudern!«

Die Ratte schüttelte lächelnd ihren Kopf. »Jetzt noch nicht, mein junger Freund«, sagte sie, »warte erst ab, bis du ein paar

Unterrichtsstunden gehabt hast. Es ist nämlich gar nicht so einfach, wie es aussieht.«

Da war der Maulwurf aber schon aufgesprungen und hatte nach den Rudern gegriffen, und das alles so plötzlich, dass die Ratte überrascht wurde und rückwärts von ihrem Sitz fiel.

Das Boot kippte um, und der Maulwurf fand sich wild mit den Armen rudernd im Wasser wieder. Dort packte ihn eine starke Pfote am Genick. Es war die Ratte. Sie zog den Maulwurf ans Ufer und lachte dabei laut.

Als dann alles wieder für einen erneuten Aufbruch bereit war, setzte sich der Maulwurf ganz erschöpft und niedergeschlagen ins Boot; und als sie dann losfuhren, sagte er geknickt: »Meine liebe Ratty, sei mir bitte nicht böse! Mein dummes Verhalten tut mir wirklich leid.«

»Mach dir nichts draus!«, entgegnete die Ratte vergnügt. »Was macht das bisschen Nass einer Wasserratte schon aus? Ich bin eh fast jeden Tag mehr im Wasser als draußen. Denk einfach nicht mehr dran. Hör zu! Ich meine, dass du für ein Weilchen bei mir bleiben solltest. Ich bringe dir dann bei, wie man rudert und wie man schwimmt, und dann wirst du bald so geschickt im Wasser sein wie wir anderen.«

Für den Maulwurf war dieser Tag der Beginn einer schönen Zeit, die umso interessanter wurde, je weiter sich der Sommer seinem Höhepunkt näherte. Er lernte schwimmen und rudern und bekam Spaß an wilden Wassern; und manchmal, wenn er mit seinen Ohren am Schilfrohr lauschte, erhaschte er etwas von dem, was der Wind darin flüsternd erzählte.

Privat!
Anlegen
verboten!

Auf der Straße

»Ratty«, fragte der Maulwurf eines schönen Sommermorgens, »willst du nicht Herrn Kröterich mit mir besuchen? Ich hab schon so viel von ihm gehört, und ich würde ihn so gerne einmal kennenlernen.«

»Aber klar doch«, sagte die gutmütige Ratte. »Komm, hol das Boot raus, wir werden sofort zu ihm rudern.«

Hinter einer Flussbiegung stand ein ansehnliches, ehrwürdiges altes Haus aus warmem roten Ziegelstein, mit einem gepflegten Rasen davor, der bis zum Wasserrand reichte.

»Das ist die Villa Kröterich«, sagte die Ratte, »und dieser kleine Bach hier links, dort wo das Schild Privat! Anlegen

14

verboten! steht, führt zum Bootshaus. Dort werden wir unser
Boot lassen. Weißt du, der Kröterich ist ziemlich reich,
und dies ist eines der schönsten Häuser hier in der Gegend,
obwohl wir das dem Kröterich gegenüber natürlich nie
zugeben würden.«

Sie stiegen aus dem Boot und schlenderten über den bunten,
blumengedeckten Rasen. Der Kröterich saß mit ernstem Gesichtsausdruck in einem Korbstuhl und hatte eine große
Landkarte auf den Knien ausgebreitet.

»Herzlich willkommen!«, schrie der Kröterich, der aufgesprungen war, nachdem er die beiden entdeckt hatte. »Das ist
ja großartig!« Er schüttelte beiden die Pfoten und wartete gar
nicht erst ab, bis ihm der Maulwurf vorgestellt wurde. »Wie
nett von euch!«, fuhr er fort und tanzte um die beiden herum.
»Ich wollte gerade ein Boot zu dir den Fluss runterschicken,
Ratty, mit der Bitte, dass du sofort hierher kommst, egal was
du gerade machst. Ich brauche euch dringend – beide. Kommt
rein und seid meine Gäste. Ihr wisst gar nicht, was für ein
glücklicher Zufall das ist, dass ihr gerade jetzt aufgekreuzt
seid.«

»Es hat bestimmt was mit deiner Ruderei zu tun«, vermutete die Ratte.

»Pah, Bootfahren!«, unterbrach sie der Kröterich ziemlich barsch. »Das ist doch was für kleine Jungs. Damit habe ich schon lange aufgehört. Komm mit, liebe Ratty, und dein liebenswürdiger Freund natürlich auch; ich möchte euch etwas zeigen.«

Der Kröterich lief vorneweg in die Scheune. Was sahen sie dort? Einen Zirkuswohnwagen, funkelnagelneu, kanarienvogelgelb mit grünen Einsprengseln und roten Rädern. »Da, seht!«, rief der Kröterich.

»Hier, in diesem kleinen Wagen steckt das richtige Leben. Die offene Straße, der staubige Weg! Heute noch hier, morgen schon ganz woanders!«

Der Maulwurf war ungeheuer interessiert und aufgeregt und folgte dem Kröterich voll Ungeduld über die Stufen ins Innere des Wagens. Die Ratte hingegen blieb draußen, sie schnaubte verächtlich und schob ihre Pfoten tief in die Taschen.

16

»Alles da!«, sagte der Kröterich triumphierend. »Ihr werdet feststellen, dass nichts, aber auch gar nichts fehlt, wenn wir heute Nachmittag aufbrechen.«

»Wie bitte?«, sagte die Ratte langsam, auf einem Strohhalm herumkauend, »wie war das, habe ich da irgendwas gehört von ›wir‹ und ›aufbrechen‹ und ›heute Nachmittag‹?«

»Ratty, liebe alte Freundin«, flehte sie der Kröterich an, »fang doch nicht an, so daherzureden. Du musst einfach mitkommen.«

»Nein, ich komme nicht mit, und damit basta. Und davon abgesehen – der Maulwurf wird bei mir bleiben und das gleiche machen wie ich, oder etwa nicht?«

»Doch doch, natürlich«, pflichtete ihr der Maulwurf bei. »Ich werde immer bei dir bleiben, und was du sagst, wird geschehen – hat zu geschehen. Trotzdem, es hat sich so angehört, als hätte es – na ja, irgendwie ziemlich spaßig werden können!«, fügte er listig hinzu.

Die Ratte ahnte, was in seinem Kopf vorging, und geriet ins Wanken. Der Kröterich beobachtete die beiden aufmerksam.

»Kommt mit rein und lasst uns zu Mittag essen«, sagte er diplomatisch, »da können wir alles in Ruhe besprechen.«

Im Laufe des Mittagessens zeigte sich dann, dass die Reise schon sehr bald für alle drei eine abgemachte Sache war.

Als sie so weit alles vorbereitet hatten, führte der Kröterich seine Kameraden zur Koppel und ließ sie das alte graue Pferd einfangen. Währenddessen hängte er noch Futtersäcke, Netze voll Zwiebeln, Heubündel und Körbe unten an den Wagen. Schließlich war alles zur Abfahrt bereit, und sie fuhren los. Es war ein goldener Nachmittag.

Sie zuckelten gerade gemütlich die Straße entlang, als sie plötzlich weit hinter sich ein unheilvolles Brummen hörten, das wie das Summen einer entfernten Biene klang. Als sie zurückschauten, sahen sie eine kleine Staubwolke mit einem dunklen, sich bewegenden Punkt in der Mitte, der sich mit rasender Geschwindigkeit auf sie zubewegte, während aus dem Staub heraus ein schwaches »Tut! Tut!« zu hören war, das klang, als ob ein Tier vor Schmerzen heulen würde. Sie nahmen jedoch keine Notiz davon und unterhielten sich weiter, als sich plötzlich die friedvolle Szenerie mit einem Schlag änderte: Einem heftiger Windstoß folgte ein Heidenlärm, der sie in den nächsten Graben springen ließ.

Mit einem ohrenbetäubenden Krach überholte sie ein prächtiges Automobil und schrumpfte schon bald in der Ferne wieder zu einem Punkt zusammen.

Das Pferd schlug aus, bäumte sich auf und schob den Wagen rückwärts, schnurstracks auf den tiefen Straßengraben zu. Ein kurzes Schwanken, dann ein dröhnender Schlag – und der kanarienvogelgelbe Wagen, ihr ganzer Stolz, lag umgekippt im Graben.

Die Ratte sprang in wilder Aufregung auf der Straße umher:
»Ihr Banditen!«, rief sie und drohte mit beiden Fäusten, »ihr
Schurken, ihr Strauchdiebe, ihr – ihr Verkehrsrowdies! Ich
werde euch vor Gericht bringen!«

Der Kröterich war mitten auf der Straße hingeplumpst,
streckte seine Beine von sich und starrte wie gebannt in
Richtung des verschwindenden Automobils.

»Was für ein phantastischer, aufwühlender Anblick!«, murmelte er regungslos. »Das ist die einzige Art zu reisen! Wie
herrlich! Und dieses Tut-Tut! Mann-o-Mann! Mann-o-Mann!«

»Was machen wir mit ihm?«, fragte der Maulwurf.

»Gar nichts«, erwiderte die Ratte entschlossen, »weil da
nichts mehr zu machen ist. Weißt du, ich kenne ihn schon
sehr, sehr lange. Er ist jetzt geradezu wie besessen. Mach dir
um ihn keine Sorgen. Lass uns lieber nach dem Wagen
schauen.«

20

Die nähere Untersuchung desselben ergab, dass er, selbst wenn es ihnen gelingen sollte, ihn aus eigener Kraft aufzurichten, nicht mehr fahrtüchtig war. Die Achsen waren in einem hoffnungslosen Zustand, und ein Rad war völlig zerbrochen.

Die Ratte verknotete die Zügel des Pferdes auf dessen Rücken und führte es am Halfter. »Komm schon!«, sagte sie mit grimmiger Miene zum Maulwurf. »Bis zur nächsten Stadt sind es fünf oder sechs Meilen, und es bleibt uns ja wohl nichts anderes übrig, als zu laufen. Je früher wir losgehen, desto besser.«

Als sie die Stadt erreicht hatten, gingen sie direkt zum Bahnhof, verfrachteten den Kröterich in den Warteraum der 2. Klasse und gaben dem Aufseher sogar noch ein Trinkgeld. Dafür sollte er auf den Kröterich aufpassen. Das Pferd ließen sie im Stall eines Gasthofes zurück. Zu guter Letzt, nachdem ein Bummelzug sie an einer Station unweit von Villa Kröterich abgesetzt hatte, begleiteten sie den wie verzaubert wirkenden Kröterich zu seiner Tür, schoben ihn ins Haus hinein und wiesen den Hausverwalter an, ihm zu essen zu geben und ihn danach ins Bett zu bringen. Dann ruderten sie flussabwärts nach Hause.

Am Abend des nächsten Tages saß der Maulwurf, der spät aufgestanden war, am Ufer und fischte. Da kam die Ratte, die den ganzen Tag über Freunde besucht und getratscht hatte, auf ihn zugeschlendert und fing an zu erzählen: »Hast du schon das Neueste gehört? Es wird am ganzen Ufer über nichts anderes mehr geredet. Der Kröterich ist heute morgen schon ganz früh mit dem Zug in die Stadt gefahren und hat ein großes und sehr teures Automobil bestellt.«

Der Wilde Wald

Der Maulwurf hatte schon lange einmal die Bekanntschaft des Dachses machen wollen. Aber immer, wenn er diesen Wunsch der Ratte gegenüber äußerte, wich sie ihm aus. Den Winter über schlief die Ratte sehr viel, und so schlüpfte der Maulwurf eines Nachmittags, als die Ratte gerade in ihrem Sessel döste, aus der warmen Stube ins Freie. Er lief genau auf den Wilden Wald zu, der geduckt und drohend wie ein schwarzes Riff im Meer vor ihm lag.

 Als er in den Wald eintrat, war da zunächst einmal nichts, das ihm hätte Angst machen müssen. Zweige knackten unter

22

seinen Füßen, Baumstämme ließen ihn stolpern. Pilze auf Baumstümpfen sahen aus wie Fratzen und erschreckten ihn, weil sie irgend etwas, das er kannte, ähnlich sahen; aber eigentlich war das alles ganz lustig und aufregend.

Doch dann kamen die Gesichter.

Als er zufällig über die Schulter zurückschaute, hatte er plötzlich, wenn auch nur undeutlich, das Gefühl, ein Gesicht zu sehen: ein böses, spitzes Gesicht, das ihn aus einem Loch heraus anstarrte. Als er sich danach umdrehte, war es verschwunden.

Wenn er von diesen Löchern in der Uferböschung wegginge, dachte er bei sich, kämen wohl auch keine Gesichter mehr. Er bog also vom Weg ab und tauchte in den dichten Wald ein.

Da begann das Getrippel.

Zuerst dachte er, es seien nur fallende Blätter, so leise und zart war das Geräusch. Dann, als es lauter wurde, erkannte er, dass es das Tap-Tap von kleinen Füßchen war. Voller Panik fing er selbst an zu rennen, ziellos, ohne zu wissen wohin. Schließlich suchte er Schutz im tiefen, dunklen Hohlraum einer alten Buche. Und als er keuchend und zitternd darin lag, begriff er endlich nur allzu gut, wovor die Ratte ihn zu schützen versucht hatte – den Schrecken des Wilden Waldes.

Inzwischen war die Ratte aufgewacht und hatte bemerkt, dass der Maulwurf fort war. Sie ging aus dem Haus und suchte den schlammigen Grund davor sorgfältig ab, in der Hoffnung, die Fußspuren ihres Freundes zu finden. Schließlich entdeckte sie seine Fußabdrücke und erschrak: Sie führten schnurstracks in den Wilden Wald.

Die Ratte machte eine sehr ernste Miene und stand ein Weilchen nachdenklich da. Dann ging sie zurück ins Haus, schnallte einen Gürtel um, steckte ein Paar Pistolen hinein, nahm einen dicken Knüppel mit, der in einer Ecke der Diele stand, und lief eilig in Richtung des Wilden Waldes, wobei sie immerzu rief. »Maulwurf, Maulwurf, Maaauulwurf! Wo biiist du? Ich bin's, die Ratte, deine Freundin!«

So hatte sie schon mehr als eine Stunde lang geduldig den Wald durchstreift, als sie zu ihrer großen Erleichterung endlich eine Stimme ganz schwach rufen hörte: »Ratty, bist du es?«

Die Ratte kroch in den Hohlraum; wo sie den erschöpften Maulwurf fand, der noch immer zitterte. »Ach, Ratty!«, rief er, »du kannst dir gar nicht vorstellen, was für Ängste ich ausgestanden habe!«

»Doch, das kann ich mir sehr wohl vorstellen«, sagte die
Ratte beruhigend. »Aber du hättest das nicht tun sollen. Ich
habe wirklich alles versucht, dich davon abzuhalten. Jetzt
müssen wir uns schnell auf den Nachhauseweg machen,
solange es noch ein bisschen hell ist.«

»Liebe Ratty«, sagte der Maulwurf kleinlaut, »es tut mir sehr
leid, aber ich bin einfach total müde, ehrlich. Du musst mich
hier ein bisschen ausruhen lassen, bis ich wieder zu Kräften
gekommen bin, wenn ich es bis nach Hause schaffen soll.«

Als der Maulwurf dann schließlich aufwachte, stellten sie
fest, dass es stark geschneit hatte.

»Wir müssen trotzdem losgehen und unser Glück versuchen.
Das Schlimmste ist, dass ich gar nicht genau weiß, wo wir

sind. Und mit dem Schnee jetzt, da sieht alles so ganz anders aus.«

Und wirklich, alles war verändert. Der Maulwurf hätte wohl gar nicht bemerkt, dass es noch der gleiche Wald war. Ein oder zwei Stunden später – sie hatten jegliches Zeitgefühl verloren – gaben sie, ganz erschöpft und entmutigt, auf; denn sie hatten die Orientierung völlig verloren. Sie setzten sich auf einen umgestürzten Baumstamm, um wieder zu Atem zu kommen und um zu überlegen, was zu tun war. Vom vielen Stolpern tat ihnen alles weh; sie waren verschiedene Male in Löcher gestürzt und durch und durch nass; der Schnee wurde immer tiefer, so tief, dass sie kaum noch ihre kleinen Beinchen

herausziehen konnten, und die Bäume standen immer dichter
und sahen sich immer ähnlicher. Dieser Wald schien kein
Ende zu haben und auch keinen Anfang, und alles in ihm sah
gleich aus, und, was am schlimmsten war: es schien keinen
Weg nach draußen zu geben.

Auf einmal aber schrie die Ratte: »Hurra!« und noch einmal:
»Hurra-urra-urraa!« und begann einen Freudentanz im
Schnee zu vollführen.

»Was hast du denn, Ratty?«, fragte der Maulwurf.

»Da, schau doch!«, sagte die Ratte und tanzte weiter.

Der Maulwurf humpelte zu der besagten Stelle und schaute
angestrengt hin.

»Na ja«, sagte er schließlich langsam, »ich seh schon. Ich hab so was schon mal gesehen, sogar schon oft. Ein Kratzeisen. Na und? Warum sollte man wegen einem Kratzeisen Freudentänze aufführen?«

»Jetzt hör mal zu, du – du Dummkopf«, sagte die Ratte ärgerlich. »Kratze, scharre, grabe, suche herum, was das Zeug hält, vor allem dort bei den kleinen Hügeln, falls du heute noch ein warmes Plätzchen zum Schlafen finden willst. Das ist unsere letzte Chance!«

Sie machte sich emsig an einer Schneewehe neben ihnen zu schaffen, wobei sie zuerst mit ihrem Stock überall herumstocherte und dann wie wild zu graben anfing; auch der Maulwurf scharrte fleißig. Die beiden legten sich mächtig ins Zeug, bis schließlich das Ergebnis ihrer Schufterei für den erstaunten und bis dahin ungläubigen Maulwurf zum Vorschein kam. An der Seite dessen, was zuerst wie eine Schneewehe ausgesehen hatte, zeigte sich plötzlich eine kleine, massiv aussehende Tür, die in dunkelgrüner Farbe gestrichen war. Seitlich hing ein eiserner Klingelzug, und darunter, auf einer kleinen Messingplatte, konnten sie im Mondlicht – hübsch eingraviert in Großbuchstaben – lesen:

HERR DACHS

Während die Ratte mit ihrem Stock an die Tür trommelte, sprang der Maulwurf an den Klingelzug und schwang daran hin und her, mit beiden Füßen ein gutes Stück über dem Boden, bis ziemlich tief drinnen eine dumpf tönende Glocke antwortete.

Herr Dachs

Es kam ihnen wie eine Ewigkeit vor, aber sie warteten geduldig und stapften mit ihren Füßen im Schnee herum, um sie warm zu halten. Endlich war das Geräusch eines zurückschlagenden Bolzens zu hören, und die Tür öffnete sich einen Spalt, gerade so weit, dass eine lange Schnauze und ein Paar blinzelnder Augen zum Vorschein kamen.

»He, Dachs«, rief die Ratte, »lass uns rein, bitte! Ich bin's, die Ratte, und der Maulwurf, mein Freund; wir haben uns im Schnee verlaufen.«

»Was, Ratty, du bist's!«, rief der Dachs erstaunt. »Kommt rein, beide, aber schnell. Ihr müßt ja total durchgefroren sein. Also, so was! Im Schnee verlaufen! Und das im Wilden Wald und mitten in der Nacht! Aber kommt nur rein!«

Die beiden stolperten beinahe übereinander, so eilig hatten sie es, nach drinnen zu kommen.

Der Dachs schaute wohlwollend auf die beiden herunter und strich ihnen über den Kopf: »In so einer Nacht sollten so kleine Tiere aber nicht draußen sein«, sagte er väterlich. »Ich befürchte fast, das hat wieder mit einem von deinen Streichen zu tun, Ratty. Aber kommt nur in die Küche. Da brennt ein warmes Feuer, und Abendessen gibt's da auch.« Als sie endlich mit dem Essen fertig waren, sagte der Dachs: »So, und nun erzählt mal, was ist denn da draußen so los? Was treibt der gute Kröterich?«

»O je, mit dem wird's immer schlimmer«, antwortete die Ratte ernst. Der Maulwurf räkelte sich unterdessen in einem Sessel und genoss das wärmende Feuer. »Letzte Woche hat er schon wieder einen Unfall gebaut, einen ziemlich schlimmen sogar. Als Fahrer ist er ein hoffnungsloser Fall, er kümmert sich überhaupt nicht um die Vorschriften. Entweder kommt er noch dabei um oder er ruiniert sich völlig – eins von beiden. Weißt du, Dachs, wir sind seine Freunde, sollten wir nicht mal was unternehmen?«

»Also gut!« Der Dachs nickte zustimmend. »Aber erst, wenn die Nächte wieder kürzer werden und man mittendrin aufwacht und ganz kribbelig wird und aufstehen möchte, gleich bei Sonnenaufgang oder vielleicht sogar noch früher. Ihr kennt das doch auch, oder?«

Beide nickten. Und wie sie das kannten!

»So, jetzt ist's aber Zeit, ins Bett zu gehen«, sagte der Dachs, stand auf und holte zwei Kerzenhalter. »Kommt mit, ihr beiden, ich zeig euch euer Quartier. Und lasst euch Zeit morgen früh – ihr könnt frühstücken, wann immer ihr wollt!«

So kamen die beiden Tierchen, ganz so wie es ihnen der wohl-
meinende Dachs geraten hatte, am nächsten Morgen erst
sehr spät zum Frühstück in die Küche herunter, wo schon ein
helles Feuer brannte.

Der Maulwurf setzte sich neben den Dachs. Er nutzte diese
Gelegenheit gleich dazu, ihm zu sagen, wie gemütlich und
heimelig alles bei ihm war. »Weißt du, wenn man erst einmal
hier unten ist«, sagte er, »da fühlt man sich sicher. Nichts
kann einem passieren, und niemand kann einem was an-
haben. Und wann immer man Lust dazu hat – schon ist man
oben, und alles ist da und wartet nur auf einen.«

Der Dachs nickte zufrieden. »Das ist genau das, was ich immer sage«, erwiderte er. »Es gibt keine Sicherheit, keinen
Frieden und keine Ruhe, außer hier unter der Erde.«

Der Maulwurf pflichtete ihm aus vollem Herzen bei.

Die Ratte hingegen fing an, unruhig auf und ab zu gehen.
Der Aufenthalt hier unten machte sie langsam nervös.
»Komm schon, Maulwurf«, sagte sie besorgt, »wir müssen los-
gehen, solange es noch hell ist. Ich hab keine Lust, noch eine
Nacht im Wilden Wald zu verbringen.«

»Du brauchst dir wirklich keine Sorgen zu machen«, versuchte der Dachs sie zu beruhigen. "Meine Gänge reichen
weiter, als du denkst, und ich habe Schlupflöcher zum Wald-
rand hin in verschiedene Richtungen, obwohl das natürlich
nicht jeder zu wissen braucht. Wenn ihr dann wirklich gehen
müsst, könnt ihr eine meiner Abkürzungen nehmen. Aber bis
dahin macht's euch noch ein wenig bequem.«

Aber die Ratte hatte keine Ruhe mehr. Schließlich führte der
Dachs die beiden mit seiner Lampe einen feuchten und muffi-
gen Gang entlang, der teilweise aus gemauerten Gewölben
bestand, teilweise aus dem rohen Stein gehauen war und sich
über eine beschwerliche Strecke, die mehrere Meilen lang zu
sein schien, dahinschlängelte. Endlich war das Tageslicht zu

sehen, auch wenn es nur spärlich durch das wild wuchernde
Gestrüpp, das über der Öffnung des Ganges hing, schien. Der
Dachs, der ihnen hastig auf Wiedersehen sagte, schob sie eilig durch die Öffnung, richtete alles mit Reisig und Laub wieder so natürlich wie möglich her und verschwand.
Sie befanden sich genau am Rand des Wilden Waldes; hinter
ihnen waren Steine, dornige Zweige und Baumwurzeln, wild
zusammengehäuft und verwuchert. Vor ihnen lagen ausge-
dehnte stille Felder, umgrenzt von Hecken, die sich dunkel

vom Schnee abhoben; und weit weg glitzerte der vertraute alte Fluss, während die rote Wintersonne schon tief am Horizont stand.

Als sie sich umdrehten, sahen sie noch einmal den Wilden Wald, eine dichte, undurchdringliche, ja bedrohliche Wand. Die beiden machten sich rasch auf den Heimweg – zurück zur Helligkeit und Wärme des Feuers und all den vertrauten Dingen, zurück zum freundlichen Gurgeln des Flusses draußen vor dem Fenster, den sie kannten und dem sie vertrauten und der ihnen noch nie Angst gemacht hatte.

Der Kröterich

Es war an einem strahlenden Morgen noch früh im Sommer.
Der Maulwurf und die Wasserratte waren schon seit dem
Morgengrauen mit allerlei Arbeiten rund um die beginnende
Bootsaison beschäftigt. Sie frühstückten gerade in der klei-
nen Wohnstube, als ein dumpfes Klopfen an der Tür zu hören
war.
»Mist!«, sagte die Ratte, die völlig mit Ei verschmiert war.
»Schau nach, wer das ist! Sei so gut, du hast ja schon fertig
gegessen.«
Der Maulwurf ging, den Auftrag auszuführen, und kurz dar-
auf hörte ihn die Ratte einen Schrei der Überraschung aus-
stoßen. Dann ging die Tür zur Wohnstube auf, und mit einer
wichtigen Miene verkündete der Maulwurf: »Herr Dachs!«
Der Dachs schritt schwerfällig ins Zimmer.

Nachdem er sich gesetzt hatte, sagte er mit ernster Miene: »Noch heute Morgen wird, wie ich aus verlässlicher Quelle gestern Nacht erfahren habe, ein neues und außergewöhnlich starkes Automobil in der Villa Kröterich angeliefert werden. Ihr beiden müsst mich sofort dorthin begleiten, um zu retten, was noch zu retten ist.«

»Recht hast du!«, rief die Ratte und sprang auf. »Wir müssen den Unglücklichen retten! Wir werden ihn umstimmen! Und wenn wir mit ihm fertig sind, wird der Kröterich für immer bekehrt sein!«

Als sie die Einfahrt der Villa Kröterich erreichten, sahen sie dort – wie vorausgesagt – vor dem Haus ein neues,

blitzendes Automobil stehen. Es war sehr groß und hellrot
(in der Lieblingsfarbe des Kröterichs) lackiert. Da flog auch
schon die Haustür auf, und Herr Kröterich, ausgerüstet mit
Schutzbrille, Mütze, Gamaschen und einem weiten Mantel,
stolzierte großtuerisch die Treppe herunter.
»Hallo, Jungs!«, rief er ihnen vergnügt zu. »Ihr kommt gerade
richtig, um mit mir eine lustige – äh – eine lustige …«
Er geriet ins Stocken und brach schließlich ganz ab, als er
den ernsten und unnachgiebigen Ausdruck auf den Gesich-
tern seiner Freunde bemerkte, und seine Einladung blieb auf
halbem Wege stecken.

Der Dachs schritt die Stufen hinauf. »Bringt ihn nach drinnen«, befahl er seinen beiden Begleitern.

Als sie alle vier in der Eingangshalle standen, sagte er zum Kröterich: »Zuallererst wirst du mal diese lächerlichen Sachen ausziehen!«

»Niemals!«, gab der Kröterich entschlossen zurück. »Was soll diese Aufregung? Ich verlange sofort eine Erklärung.«

»Dann zieht ihr sie ihm eben aus«, befahl der Dachs ungerührt.

Bevor sie aber damit anfangen konnten, mussten sie den wild um sich schlagenden und allerlei Verwünschungen ausstoßenden Kröterich erst einmal auf den Boden werfen. Dann setzte

sich die Ratte auf ihn, und der Maulwurf entledigte ihn Stück für Stück seiner Ausrüstung. Danach stellten sie ihn wieder auf die Beine.

»Du kommst jetzt mit mir ins Rauchzimmer und hörst dir dort ein paar Wahrheiten über dich an«, sagte der Dachs streng. »Wir werden ja sehen, ob du aus dem Zimmer noch als derselbe Kröterich herauskommst, als der du hineingegangen bist.«

Er packte den Widerspenstigen fest am Arm, schob ihn in das Rauchzimmer und schloss die Türe.

»Das bringt doch nichts!«, sagte die Ratte verächtlich. »Reden wird den Kröterich nie zur Vernunft bringen. Der wird alles versprechen, aber nichts halten!«

Sie machten es sich in den Sesseln bequem und warteten. Nach ungefähr einer dreiviertel Stunde öffnete sich die Tür, der Dachs kam heraus und führte gemessenen Schrittes einen doch sehr niedergeschlagen wirkenden Kröterich an der Pfote. Die Beine des Armen zitterten, und auf seinen Wangen waren die Spuren der vielen Tränen zu sehen, die der Dachs mit seiner eindringlichen Predigt hervorgelockt hatte.

»Setz dich hierhin, Kröterich«, sagte der Dachs freundlich und zeigte auf einen Stuhl. »Ich möchte, dass du hier vor deinen Freunden wiederholst, was du mir im Rauchzimmer versprochen hast. Zuallererst: Tut es dir leid, was du getan hast, und siehst du ein, dass es völlig übergeschnappt war?«

Es folgte eine lange Pause. Der Kröterich schaute verzweifelt mal hierhin, mal dorthin, während die anderen Tiere warteten.

»Nein!«, sagte er dann mürrisch, aber entschieden. »Es tut mir nicht leid. Und es war überhaupt nicht übergeschnappt. Ganz im Gegenteil, es war einfach großartig!«

»Dann versprichst du also nicht, dass du nie mehr ein Automobil anfassen wirst?«

»Ganz bestimmt nicht!«, erwiderte der Kröterich energisch.
»Im Gegenteil, ich verspreche hiermit hoch und heilig, dass
ich mit dem ersten Automobil, das ich sehe – Tut! Tut! – abhauen werde!«

»Du hast es so gewollt«, sagte der Dachs enttäuscht und er-
hob sich.

»Wenn es mit Worten nicht geht, dann müssen wir uns etwas
anderes einfallen lassen. Bringt ihn nach oben, ihr beiden,
und schließt ihn in seinem Schlafzimmer ein, bis wir die
Sache unter uns geregelt haben.«

Sie schlossen hinter dem Kröterich die Tür ab und stiegen die
Treppe hinunter, während der Kröterich ihnen durch das
Schlüsselloch hindurch wüste Beschimpfungen nachrief.
Dann setzten sich die drei Freunde zusammen und berieten
die Lage.

»Das wird eine schwierige Sache«, seufzte der Dachs. »Ich
habe den Kröterich noch nie so entschlossen gesehen. Trotzdem, wir werden es durchstehen. Er darf keinen Moment aus

40

den Augen gelassen werden. Wir werden abwechselnd bei ihm sein müssen, bis das Gift aus seinem Körper heraus ist.«

Sie teilten dementsprechende Wachen ein. Jedes Tier schlief abwechselnd nachts im Zimmer des Kröterich, und auch tagsüber wechselten sie sich ab.

Eines schönen Morgens ging die Ratte nach oben, um den Dachs abzulösen, der schon sehnsüchtig darauf wartete, sich die Beine auf einem langen Spaziergang durch den Wald zu vertreten. »Der Kröterich liegt noch im Bett«, sagte er draußen vor der Tür zur Ratte. »Pass mir bloß auf! Wenn er sich so ruhig und gehorsam gibt, dann ist er am raffiniertesten. Er führt bestimmt etwas im Schilde. Ich kenne ihn.«

»Wie geht's dir heute, alter Junge?« fragte die Ratte vergnügt, als sie sich dem Bett des Kröterichs näherte. Sie musste lange auf eine Antwort warten. Endlich war eine schwache Stimme zu vernehmen: »Ich danke dir von ganzem Herzen, liebe Ratty. Es ist lieb von dir, dass du dich so rührend um mich kümmerst. Aber sag mir erst, wie geht es dir und dem ehrwürdigen Maulwurf?«

»Ach, uns geht es gut«, antwortete die Ratte. »Und der Maulwurf«, fügte sie, ohne sich viel dabei zu denken, hinzu, »ist mit dem Dachs nach draußen gegangen, um sich die Beine zu vertreten. Sie werden bis zum Mittagessen weg sein, wir zwei werden also einen angenehmen Morgen miteinander verbringen, und ich werde mein Bestes tun, dich ein bisschen zu unterhalten. Jetzt steh schon auf, alter Junge! Wie kann man nur so lange im Bett herumhängen!«

»Teure Freundin«, stöhnte da der Kröterich, »geh so schnell du kannst ins Dorf – vielleicht ist es schon zu spät – und hol den Doktor! Ach, und übrigens – wenn du schon dabei bist – ich will dir wirklich nicht mehr Arbeit als nötig machen, aber mir fiel gerade ein, dass du dort vorbeikommst – wenn es dir nichts ausmacht, kannst du dann auch gleich den Anwalt fragen, ob er hierherkommen kann.«

Einen Anwalt! O je, dann muß es ja wirklich schlimm um ihn stehen, dachte die Ratte erschrocken, als sie aus dem Zimmer ging, die Tür hinter sich abschloss und ins Dorf eilte.

Der Kröterich, der flugs aus dem Bett gesprungen war, sobald der Schlüssel sich im Schloss gedreht hatte, sah ihr ungeduldig nach, bis sie hinter der Hofeinfahrt verschwunden war. Dann lachte er sich ins Fäustchen, zog sich so schnell er konnte den besten Anzug an, den er fand, und füllte sich die Taschen mit Geld, das er aus einer kleinen Schublade in der Kommode nahm. Als Nächstes knotete er die Bettlaken zusammen und befestigte ein Ende dieses improvisierten Seils am Zwischenpfosten seines hübschen Fensters, das der Stolz seines Schlafzimmers war, kletterte hinaus, ließ sich schnell nach unten gleiten und marschierte dann erleichtert und vergnügt vor sich hin pfeifend davon.

Clever gemacht!, dachte er bei sich und kicherte.

Köpfchen gegen brutale Gewalt – und Köpfchen hat gewonnen, zwangsläufig. Arme Ratty!

Mit solchen und ähnlichen Gedanken schritt er dahin, völlig
von sich eingenommen, bis er zu einem Gasthof kam, wo er
das beste Mittagessen bestellte.

Er hatte gerade einmal zur Hälfte aufgegessen, als ihn ein
ihm nur allzu vertrautes Geräusch, das sich auf der Straße
näherte, am ganzen Körper erschauern und erzittern ließ.

Das Tut! Tut! kam näher und näher, und man konnte hören,
wie das Automobil in den Hof des Gasthauses einbog und an-
hielt.

Der Kröterich musste sich am Tisch festklammern, um seine ihn überwältigenden Gefühle in Zaum zu halten. Er schlich sich leise hinaus, bezahlte seine Rechnung und schlenderte still und heimlich in Richtung des Hofes.
Das Automobil war unbewacht.
Ich bin gespannt, dachte der Kröterich, ob dieser Wagen-Typ leicht anspringt!

Wie in einem Traum fand er sich plötzlich im Fahrersitz wieder; wie in einem Traum schob er den Gang rein, wendete den Wagen im Hof und – schwupps! – war er zum Torbogen hinaus.

Ihm war nur zu bewusst, dass er jetzt wieder der echte Kröterich war, der Kröterich in Hochform.

Die Meilen schwanden nur so unter ihm dahin, als er ohne festes Ziel und ohne Rücksicht auf die möglichen Folgen durch die Gegend raste.

»Meiner Ansicht nach«, befand der Vorsitzende Richter vergnügt, »ist die einzige Schwierigkeit in diesem ansonsten kla-
ren Fall, wie wir diesem unverbesserlichen Spitzbuben und
Gewohnheitsrüpel, der da vor uns auf der Anklagebank
kauert, mal so richtig einheizen können. Lassen Sie mich mal
zusammenfassen: Er ist aufgrund eindeutiger Beweise für
schuldig befunden worden, erstens ein wertvolles Automobil
gestohlen zu haben, und zweitens wegen gemeingefährlichen
Fahrverhaltens. Diesmal kommt er mir nicht unter zwanzig
Jahren davon!«

Daraufhin wurde der Kröterich in Ketten gelegt und aus dem Gerichtssaal geschleppt, bis vor die Tür des grausigsten Verlieses im tiefsten Innern des hintersten Kerkers. Der rostige Schlüssel quietschte im Schloss, und die riesige Tür schlug hinter ihm zu. Und so war aus dem Kröterich ein hilfloser Gefangener im hintersten Verlies des am besten bewachten Kerkers der stärksten Festung im ganzen Land geworden.

Die Abenteuer des Kröterich

Nun hatte der Kerkermeister aber eine Tochter, ein liebenswertes und gutherziges Geschöpf, die ihrem Vater bei den leichteren Tätigkeiten zur Hand ging. Der Kröterich führte des öfteren interessante Gespräche mit ihr; und die Kerkermeisterstochter bekam Mitleid mit dem Kröterich und hielt es für eine Schande, dass er wegen eines, wie ihr schien, so geringfügigen Vergehens im Gefängnis saß.

Eines Morgens war das Mädchen nachdenklicher als sonst und sagte zum Kröterich: »Ich habe da eine Tante, die ist Waschfrau.«

»Sieh mal einer an!«, erwiderte darauf der Kröterich ganz liebenswürdig und freundlich, »aber mach dir nichts draus, das ist nicht weiter schlimm. Ich habe selbst mehrere Tanten, die besser Waschfrauen wären.«

48

»Jetzt hör mir mal zu«, fuhr das Mädchen fort. »Wie ich schon gesagt habe, ich habe eine Tante, die ist Waschfrau; sie macht die Wäsche für alle Gefangenen in dieser Festung. Du könntest dich ja mit ihr arrangieren: sie würde dir ihr Kleid und ihren Hut und alles andere dalassen, und du könntest dann als Waschfrau verkleidet fliehen.«

»Hör mal!«, sagte daraufhin der Kröterich empört. »Du erwartest doch wohl nicht von Herrn Kröterich, dem Herrn von Villa Kröterich, dass er als Waschfrau verkleidet herumläuft.«

»Dann kannst du ja hier als Kröterich versauern«, entgegnete das Mädchen verärgert. »Willst du etwa mit einem Vierspänner von hier abhauen?«

Der ehrliche Kröterich gab immer nach, wenn er im Unrecht war. »Du bist ein gutes und schlaues Mädchen«, sagte er, »und du hast recht, ich bin nur ein dummer und eingebildeter Kröterich. Sei so nett und stell mich deiner werten Tante vor! Ich zweifle nicht daran, dass diese prächtige Dame und ich uns zum beiderseitigen Vorteil einig werden.«

Am nächsten Abend geleitete das Mädchen ihre Tante in die Zelle des Kröterichs. Sie trug seine schmutzige Wäsche von dieser Woche in ein Handtuch eingewickelt bei sich. Die alte Dame war schon auf das Gespräch vorbereitet, und der Anblick gewisser goldener Münzen, die der Kröterich geschickterweise offen vor sich auf dem Tisch liegen hatte, bewirkte, dass sich die Angelegenheit ohne viel Aufhebens von selbst erledigte. Als Gegenleistung für sein Geld bekam der Kröterich ein Baumwollkleid, eine Schürze, ein Schultertuch und eine abgenutzte braune Haube. Mit bebendem Herzen, aber nach außen hin festem Schritt, verließ er das Gefängnis.

Er ging bis zum Bahnhof und schaute dort gleich auf den Fahrplan. In einer halben Stunde würde ein Zug in Richtung seines Zuhauses abfahren. »Was willst du mehr!«, freute sich der Kröterich, dessen Stimmung sich schlagartig verbesserte. Er ging zum Schalter, um eine Fahrkarte zu kaufen.

Zu seinem großen Schrecken fiel ihm jedoch ein, dass er seinen Mantel und auch seine Weste in der Zelle zurückgelassen hatte – und damit auch die Brieftasche mit all seinem Geld, seine Schlüssel, seine Uhr, die Streichhölzer, und auch sein Federmäppchen.

Er konnte sein Unglück gar nicht fassen und wanderte verzweifelt am Bahnsteig auf und ab, wo bereits der Zug wartete, und Tränen liefen über sein Gesicht.

»Aber, Mütterchen«, sagte da der Zugführer, »was haben Sie denn? Sie sehen nicht gerade glücklich aus.«

»Ach, guter Herr«, stieß da der Kröterich hervor und fing schon wieder an zu weinen, »ich bin eine arme unglückliche Waschfrau, die all ihr Geld verloren hat. Ich kann die Fahrkarte nicht mehr bezahlen, aber ich muss heute Abend noch unbedingt nach Hause. Was soll ich nur machen?«

»Nun, ich sage Ihnen, was wir da machen werden«, meinte der gutherzige Zugführer. »Sie sind Waschfrau von Beruf,

sagen Sie. Wenn Sie für mich ein paar Hemden waschen,
wenn Sie wieder zu Hause sind, und Sie mir dann nach-
schicken, kann ich Sie schon in meinem Zug mitnehmen.
Das ist zwar gegen die Vorschriften, aber wir nehmen das in
solchen Fällen nicht so genau.«

Als sie schon viele Meilen zurückgelegt hatten und der Kröterich anfing, sich Gedanken über das Abendessen zu Hause zu
machen, sah er plötzlich, wie der Zugführer sich mit einem
erstaunten Gesichtsausdruck seitlich aus dem Fenster lehnte
und angestrengt lauschte. Dann kletterte er sogar auf die
Kohlen und schaute über das Zugende hinaus. Schließlich
kam er wieder herunter und sagte zum Kröterich: »Das ist
schon seltsam. Wir sind normalerweise der letzte Zug in diese
Richtung, aber ich könnte schwören, dass ich hinter uns noch
einen anderen Zug gehört habe.«
Und kurz darauf rief er: »Jetzt sehe ich ihn ganz deutlich!
Auf unserem Gleis ist noch ein Zug, und der kommt schnell
näher. Sieht so aus, als ob wir verfolgt würden.«
Daraufhin kniete der Kröterich auf den Kohlen nieder, faltete
seine Pfoten und rief flehentlich: »Retten Sie mich, retten Sie
mich doch nur, lieber Zugführer, und ich gestehe alles! Ich bin

gar nicht die einfache Waschfrau, für die Sie mich halten!
Ich bin in Wahrheit ein Kröterich – der bekannte und be-
liebte Herr Kröterich, der Gutsbesitzer. Dank meiner Kühn-
heit und Intelligenz bin ich gerade erst aus einem abscheu-
lichen Verlies entflohen, in das mich meine Feinde gesteckt
hatten.«
Der Zugführer drosselte den Dampf und betätigte die Brem-
sen, und als der Zug beinahe Schrittgeschwindigkeit erreicht
hatte, schrie er zum Kröterich hinüber: »Jetzt, springen Sie!«
Der Kröterich sprang und rollte erst einmal eine kleine Bö-
schung hinunter, stand aber unverletzt wieder auf, stahl sich
in einen Wald und versteckte sich dort.
Als er hungrig und müde wurde, suchte er in einem aus-
gehöhlten Baumstamm Schutz, machte sich dort aus Zweigen
und Laub ein notdürftiges Bett zurecht und schlief fest bis
zum nächsten Morgen.

Die ganze Welt stand dem Kröterich an diesem frühen Sommermorgen offen. Und weil er nicht wusste, welchen Weg er einschlagen sollte, folgte er erst einmal einem Kanal ganz in der Nähe. Dort zog ein Pferd am Ufer einen Schleppkahn gegen die Strömung. Dessen Besatzung bestand einzig und allein aus einer dicken Frau, die einen leinenen Sonnenhut trug und sich mit einem ihrer kräftigen Arme auf der Ruderpinne aufstützte.

»Einen schönen guten Morgen, die Dame!«, grüßte sie den Kröterich, als sie auf gleicher Höhe waren.

»Hoffentlich wird er das«, entgegnete der Kröterich höflich, als er Seite an Seite mit ihr auf dem Uferpfad dahinschritt. »Man kann wohl allen einen guten Morgen wünschen, die nicht in solchen Schwierigkeiten sind wie ich. Meine verheiratete Tochter ließ mir ausrichten, dass ich auf dem schnellsten Weg zu ihr kommen soll. Da bin ich aufgebrochen, ohne

zu wissen, was los ist oder was auf mich zukommen wird, aber ich befürchte natürlich das Schlimmste – wenn Sie selbst Mutter sind, werden Sie das verstehen. Im Geschäft musste ich alles stehen und liegen lassen – wissen Sie, ich bin nämlich im Wasch- und Bügelgewerbe tätig.«

»Wo wohnt denn Ihre verheiratete Tochter?«, fragte die Frau auf dem Schleppkahn.

»Sie wohnt nicht weit vom Fluss«, antwortete der Kröterich. »Nicht weit von einem ehrwürdigen Haus, das Villa Kröterich heißt; das muss irgendwo hier in der Gegend sein. Vielleicht haben Sie ja schon einmal davon gehört.«

»Villa Kröterich? Na klar, ich fahr ja selbst in diese Richtung«, sagte da die Frau auf dem Boot. »Sie können auf meinem Schleppkahn mitfahren, wenn Sie wollen.«

Sie steuerte das Boot ans Ufer, und der Kröterich sprang leichtfüßig an Bord.

»Was für ein Glücksfall, dass ich Sie getroffen habe!«, bemerkte die Schiffersfrau. Sie hatte eine Idee. »Ein Glücksfall für uns beide. In einer Ecke der Kajüte ist ein Haufen mit schmutziger Wäsche von mir. Wenn Sie nur ein oder zwei Stücke, die es besonders nötig haben – einer Frau wie Ihnen brauche ich das ja nicht näher zu erklären, Sie werden es auf den ersten Blick sehen – während unserer Fahrt einmal hernehmen und ordentlich durchschrubben würden, wäre das eine große Hilfe für mich. Sie werden alles finden, was Sie brauchen – einen Waschzuber, Seife, und auf dem Ofen hat's auch einen Wasserkessel, und ein Eimer zum Wasserschöpfen aus dem Kanal ist auch da. Dann sind Sie wenigstens beschäftigt und sitzen hier nicht so müßig herum und gähnen in die Landschaft hinein.«

Jetzt saß der Kröterich ganz schön in der Patsche. Er holte den Zuber, die Seife und Wasser und was er sonst noch brauchte aus der Kajüte, pickte sich aufs Geratewohl ein paar Wäschestücke heraus und versuchte sich zu erinnern, was er bei zufälligen Blicken durch die Fenster von Wäschereien so gesehen hatte. Dann legte er los.

Als hinter ihm ein brüllendes Gelächter losbrach, richtete er sich auf und drehte sich um. Die Schiffersfrau bog sich vor Lachen, bis ihr die Tränen über die Backen kullerten.

»Ich schaue Ihnen jetzt schon eine ganze Weile zu«, sagte sie. »Sie sind mir eine schöne Waschfrau! Sie haben bestimmt in ihrem ganzen Leben noch nie gewaschen, da mach ich jede Wette drauf!«

Dem Kröterich, der schon die ganze Zeit über wütend vor sich hingebrodelt hatte, platzte jetzt der Kragen, und er verlor die Beherrschung: »Sie sind doch nichts als eine gewöhnliche, fette Schiffersfrau! Was denken Sie sich denn, so mit Bessergestellten zu reden! Ich und eine Waschfrau! Ich sage Ihnen, wer ich wirklich bin: Ich bin ein Kröterich, sogar ein bekann-

56

ter und angesehener von höchstem Rang! Auch wenn es mit mir zur Zeit nicht zum besten steht, von einer Schiffersfrau lasse ich mich noch lange nicht auslachen!«

Die Frau trat näher und schaute genauer unter seinem Häubchen nach. »Das stimmt ja sogar!«, rief sie. »Also so was! Bäh! Ein richtig ekliger, hässlicher, krabbliger Kröterich! Und das auch noch auf meinem schönen Boot! Igitt! Das kann ich aber gar nicht haben!«

Sie ließ kurz das Steuer los, grapschte mit ihrem fleischigen Arm nach dem Kröterich und bekam ihn an den Beinen zu fassen. Auf einmal schien die Welt für ihn auf dem Kopf zu stehen. Als sie ihn endlich losließ, flog er schwungvoll durch die Luft und drehte sich dabei wild um sich selbst.

Als er schließlich mit einem lauten Platscher im Wasser landete, fand er es für seinen Geschmack doch ziemlich kalt. Und doch war es nicht kühl genug, um seinen Stolz zu zügeln.

Er hielt auf das Ufer zu und setzte alsbald mit seinen nassen Sachen über dem Arm seinen Weg fort. Es war ein sonniger Tag, und so waren seine Kleider bald wieder trocken.

Nach ein paar Meilen Landstraße erreichte er die Hauptstraße, und als er in sie einbog, sah er etwas nur allzu Bekanntes auf sich zukommen. Er trat beherzt auf die Straße hinaus und winkte das Automobil heran.

Auf einmal aber wurde er ganz blass, und seine Knie wurden weich und zitterten – denn was da auf ihn zukam, war genau jener Wagen, den er einst aus dem Hof des Gasthauses gestohlen hatte.

Er sank mitten auf der Straße in die Knie, bis er nur noch ein Häufchen Elend war, und murmelte verzweifelt vor sich hin: »Jetzt ist es aus! Aus und vorbei!«

Das schreckliche Automobil kam langsam näher und näher, bis es kurz vor ihm stehenblieb. Zwei Herren stiegen aus, und einer von ihnen sagte: »O je! Wie traurig! Eine alte Waschfrau, die auf der Straße zusammengebrochen ist!«

Sie hoben den Kröterich sachte in das Automobil, stützten ihn mit ein paar Kissen ab und fuhren dann weiter.

Als der Kröterich sie so freundlich und mitleidsvoll reden hörte, wusste er, dass sie ihn nicht erkannt hatten. Und schon wurde er wieder mutig, öffnete vorsichtig erst ein Auge und dann noch eines.

»Ach, bitte, lieber Herr«, sagte er, »ach, wenn Sie so freundlich wären und mich auch einmal fahren lassen würden. Ich habe Ihnen jetzt schon eine ganze Weile aufmerksam zugeschaut, und es sieht so einfach aus.«

»Bravo, meine Dame! So gefallen Sie mir schon viel besser!«, sagte der Mann.

Der Kröterich kletterte ungeduldig auf den Fahrersitz und setzte das Auto in Bewegung, aber zuerst nur ganz langsam, denn dieses Mal wollte er klüger sein, das hatte er sich vorgenommen.

Die Männer hinter ihm klatschten in die Hände und applaudierten ihm, und er hörte sie sagen: »Wie gut sie das macht! Man sollte es kaum glauben, dass eine Waschfrau so gut Auto fährt, und das gleich beim ersten Mal!«

Das ärgerte ihn, und schon wieder verlor er seine Beherrschung.

»Waschfrau! Und was für eine!«, rief er leichtsinnig. »Ha ha! Ich bin nämlich der Kröterich, der Autodieb, der Ausbrecherkönig, der große Kröterich, der immer davonkommt!«

Mit einem Aufschrei stürzten sich die Männer auf ihn. Der

Kröterich aber riss das Lenkrad herum, und das Auto brach durch die niedrige Hecke am Rand der Straße.

Es gab einen gewaltigen Schlag – und schon wühlten die Räder im dicken Schlamm eines Tümpels.

Erneut flog der Kröterich durch die Luft, zuerst rasant nach oben und dann in einer sanften Kurve nach unten, wie eine Schwalbe. Er plumpste schließlich mit dem Rücken in das weiche Gras einer Wiese. Als er sich aufrichtete, sah er gerade noch das Automobil, schon halb versunken, und die

Herren und ihren Chauffeur, die – von ihren langen Mänteln behindert – hilflos im Wasser zappelten.

Den Kröterich kümmerte das wenig. Er rannte so schnell er konnte querfeldein, kroch durch Hecken, sprang über Gräben, stapfte durch Felder, ohne auf die Richtung zu achten.

Plötzlich aber war da kein Boden mehr unter seinen Füßen; er ruderte mit den Armen in der Luft und fand sich bis über beide Ohren im Wasser wieder. Vor lauter Panik war er geradewegs in den Fluss gerannt.

Er versuchte sich am Schilf und an den Binsen festzuhalten, aber die starke Strömung riss ihn mit sich.

Da bemerkte er, dass er sich einem großen Loch im Uferrand näherte, das nur wenig über Kopfhöhe war, und als er daran vorbeitrieb, griff er mit einer Pfote nach oben, bekam den Rand des Loches zu fassen und hielt sich daran fest.

Als er in das dunkle Loch hineinstarrte, sah er, wie sich etwas auf ihn zubewegte.

Es war die Wasserratte!

Der Geheimgang

Die Ratte packte mit ihren schlanken braunen Pfötchen den Kröterich am Genick und begann kräftig zu zerren und zu ziehen. Stück für Stück kam so der plitschnasse Kröterich in Sicherheit.

»Ach Ratty!«, rief er erleichtert. »Ich hab so viel erlebt, seit wir uns zum letzten Mal gesehen haben, das kannst du dir gar nicht vorstellen! Ich hab sie alle ausgetrickst! Tja, ich bin schon eine clevere Kröte, da besteht kein Zweifel! Mein letztes Abenteuer übertrifft noch alle anderen! Stell dir vor…«

»Kröterich!«, sagte da die Wasserratte ernst und bestimmt, »du gehst jetzt sofort ab nach oben und entledigst dich dieses alten Wolllumpens, der aussieht, als ob er vielleicht einmal irgendeiner Waschfrau gehört hat. Und dann wäschst du dich gründlich und ziehst ein paar Sachen von mir an. Und hör bitte mit dieser Angeberei auf! Wir werden uns nachher noch sprechen!«

Als er wieder herunterkam, stand zu seiner großen Freude das Mittagessen schon auf dem Tisch. Während sie aßen, erzählte der Kröterich der Ratte alle seine Abenteuer. Und als sie gerade mit dem Nachtisch fertig waren, verkündete er: »Nach dem Kaffee werde ich gemütlich zur Villa Kröterich hinunterspazieren, meine eigenen Sachen anziehen und wieder so leben wie früher.«

»Zur Villa Kröterich hinunterspazieren?«, schrie die Ratte ganz aufgeregt. »Wovon sprichst du eigentlich? Hast du vielleicht noch nichts von den Hermelinen und Wieseln gehört...?«

»Was, die aus dem Wilden Wald?«, fragte der Kröterich und zitterte am ganzen Körper.

»Nein, ich weiß von gar nichts. Was haben die gemacht?«

»– und wie sie die Villa Kröterich erobert haben?«, beendete die Ratte ihren Satz.

»So, haben sie das?«, sagte der Kröterich und ergriff einen Knüppel: »Ich werde mich gleich darum kümmern!«

»Das hat keinen Zweck!«, rief die Ratte hinter ihm her. »Komm besser zurück und setz dich wieder hin; du kriegst sonst nur Ärger. Wir können sowieso nichts ausrichten, bevor wir den Maulwurf und den Dachs gesehen haben – wir müssen die letzten Neuigkeiten von ihnen abwarten und ihren Rat in dieser schwierigen Angelegenheit hören.«

»Ach ja, der Maulwurf und der Dachs«, erinnerte sich der Kröterich. »Was treiben die beiden denn so? Ich hätte sie fast vergessen.«

»Wie schön von dir, dass du danach fragst!«, sagte die Ratte vorwurfsvoll. »Während du in teuren Autos durchs Land gedüst bist, haben die beiden bei Wind und Wetter draußen übernachtet, dein Haus bewacht und sich überlegt, wie sie deinen Besitz für dich zurückholen können.«

Genau in diesem Augenblick klopfte es schwerfällig an der Tür. Die Ratte öffnete, und der Dachs kam herein.

Er ging auf den Kröterich zu, schüttelte ihm die Pfote und sagte: »Willkommen zu Hause! O je, was sage ich da? Zu Hause? Armer Kröterich!« Dann setzte er sich an den Tisch, rückte den Stuhl heran und nahm sich eine große Scheibe kalter Pastete.

Kurz darauf klopfte es noch einmal, diesmal leiser. Die Ratte nickte dem Kröterich zu, ging zur Türe und ließ den Maulwurf herein – er sah ganz mitgenommen und ungewaschen aus, und in seinem Fell war noch Stroh.

»Hurra! Der Kröterich ist zurück!«, rief er mit strahlendem Gesicht. »Wie hast du denn das gemacht? Bist du etwa geflohen? Du bist eben doch der schlaue, geniale, intelligente Kröterich!«

Die Ratte befürchtete das Schlimmste und zupfte den Maulwurf am Ellbogen; doch es war schon zu spät.

Der Kröterich blies sich auf: »Schlau? Da siehst du's!«, sagte er. »Meine Freunde denken genau das Gegenteil. Ich erzähl dir mal ein paar von meinen Abenteuern, dann kannst du selbst entscheiden, ob ich schlau bin oder nicht.«

»Sei ruhig!«, sagte die Ratte. »Und du, Maulwurf, stachele ihn nicht noch mehr an, du weißt doch, wie er ist. Sag uns lieber, wie die Lage ist und was wir machen können, jetzt wo der Kröterich endlich wieder da ist.«

Doch zuerst meldete sich der Dachs zu Wort: »Kröterich!«, sagte er ernst, »du bist ein böser alter Störenfried! Schämst du dich denn überhaupt nicht? Was glaubst du denn, was dein Vater, mein alter Freund, jetzt sagen würde, wenn er hier wäre und von all deinen Geschichten erfahren würde?«

Der Kröterich lag unterdessen auf dem Sofa, streckte die Beine in die Luft, vergrub das Gesicht in den Kissen und vergoss Tränen der Reue.

»Ist ja gut, Kröterich!«, sagte der Dachs. »Ich meine es ja nicht so. Jetzt will ich euch aber ein großes Geheimnis verraten. Es gibt da einen un-ter-ir-di-schen Gang«, sagte der Dachs und betonte dabei jede Silbe, »der vom Flussufer, gar nicht weit von hier, bis zur Villa Kröterich führt.«

»So ein Blödsinn!«, widersprach der Kröterich besserwisserisch. »Ich kenne jeden Zentimeter von Villa Kröterich, egal ob drinnen oder draußen. Da gibt es keinen Gang oder so was Ähnliches, das könnt ihr mir glauben.«

»Lieber junger Freund«, erwiderte darauf der Dachs mit großem Ernst, »dein Vater, der eine ehrenwerte Kröte war, hat diesen Gang entdeckt. ›Erzähl meinem Sohn nichts

davon‹, hatte er gesagt. ›Er ist ein guter Junge, aber er hat
einen unbekümmerten und sprunghaften Charakter und
kann einfach nichts für sich behalten. Nur wenn er einmal
richtig in der Klemme sitzen sollte und der Gang ihm von
Nutzen sein könnte, dann darfst du ihm davon berichten.‹«
Die anderen schauten den Kröterich an, um zu sehen, wie er
reagieren würde. Zuerst schmollte er ein bisschen, dann aber
hellte sich seine Miene auf, denn er war nun einmal im
Grunde seines Herzens ein lieber Kerl.

»Ich habe in den letzten Tagen ein paar Dinge herausfinden
können«, fuhr der Dachs fort. »Morgen Abend wird es ein
Festessen geben. Jemand hat Geburtstag, ich glaube sogar
der Wieselhäuptling höchstpersönlich – und da werden dann

alle Wiesel zusammen im Speisesaal sein und dort essen, trinken und lachen und nicht den geringsten Verdacht schöpfen. Und nun kommt der Gang ins Spiel. Der führt nämlich direkt unter die Speisekammer, und die liegt genau neben dem Speisesaal.«

»Aha, jetzt verstehe ich. Das quietschende Dielenbrett in der Speisekammer«, sagte der Kröterich.

»Wir werden also in die Speisekammer raufklettern – «, rief der Maulwurf.

»– mit unseren Pistolen, Schwertern und Knüppeln –«, schrie die Ratte.

»– und über sie herfallen«, ergänzte der Dachs.

»– und draufschlagen«, schrie der Kröterich völlig aus dem Häuschen.

»Gut«, bemerkte der Dachs in seiner üblichen trockenen Art, »unser Plan steht also. Jetzt muss Schluss sein mit unseren Streitereien und all dem Gezänk. Es ist eh schon spät geworden, ihr geht jetzt am besten alle ins Bett. Morgen Vormittag werden wir dann alles weitere vorbereiten.«

Die Rückkehr des Kröterich

Am nächsten Abend, als alles so weit abgesprochen war,
nahm der Dachs eine Laterne in die eine Pfote und seinen
großen Stock in die andere und sagte: »Also auf! Der Maulwurf zuerst, denn ich bin sehr zufrieden mit ihm, und dann
die Ratte, und du, Kröterich, als Letzter. Und dass du mir
heute nicht so viel rumquatschst wie sonst, oder ich schick
dich zurück, auf mein Wort!«
Endlich waren sie in dem geheimen Gang. Sie tasteten und
schlichen sich langsam vorwärts, mit gespitzten Ohren und
mit den Pfoten immer an den Pistolen, bis der Dachs sagte:
»Wir müssten jetzt so ziemlich unter dem Speisesaal sein.«
Und richtig, plötzlich hörten sie, wenn auch nur wie von fern,

aber offensichtlich doch nah über ihren Köpfen, ein Lärmen, als ob Leute herumschreien, auf den Boden stampfen und auf Tischen herumtrommeln würden. »Da geht's ganz schön rund«, sagte der Dachs nur.

Der Gang begann jetzt anzusteigen; sie tasteten sich noch ein kleines Stückchen weiter, bis sie unter der Falltür standen. Im Speisesaal war ein ohrenbetäubender Lärm, sodass sie sich keine Sorgen machen mussten, es könnte sie jemand hören. Gemeinsam wuchteten die vier mit ihren Schultern die Falltür auf. Nachdem sie sich gegenseitig hochgezogen hatten, standen sie in der Speisekammer, nur noch durch eine Tür von jenem Saal getrennt, in dem ihre arglosen Feinde ein Gelage feierten.

Der Dachs richtete sich zu seiner vollen Größe auf, umklammerte den Stock fest mit beiden Pfoten, schaute sich noch einmal nach seinen Kameraden um und brüllte dann: »Mir nach!«

Die Tür flog auf.

Ach du meine Güte!

Was für ein Gekreische, Gequietsche und Gewinsel überall!

Vergeblich sprangen die entsetzten Wiesel unter die Tische und hoch zu den Fenstern! Vergeblich hetzten sie zum Schornstein, wo sie nur ein hoffnungsloses Gedränge erwar-

tete. Was nützte es ihnen, dass sie Tische und Stühle um-warfen und Gläser und Porzellan auf dem Boden zerdepper-ten – viel zu groß war ihre Panik in diesem Augenblick, als unsere vier Helden wutentbrannt in den Saal stürmten. Sie waren nur zu viert, aber den aufgescheuchten Wieseln kam es so vor, als ob die Halle voll von Ungeheuern wäre –

grauen, schwarzen, braunen, gelben, die riesige Knüppel
schwangen.
Und sie sprangen und flüchteten hierhin und dorthin, durch
die Fenster, den Kamin hinauf, nur fort aus der Reichweite
dieser schrecklichen Knüppel!
Bald war alles vorbei. Unsere vier Freunde schritten den
Saal ab, von oben bis unten, und warfen mit ihren Stöcken

nach jedem Kopf, der sich zeigte; und fünf Minuten später war alles vorüber. Durch die zerbrochenen Fensterscheiben konnte man noch die Schreie der fliehenden Wiesel hören, die sich über den Rasen davonmachten; auf dem Boden lag vielleicht ein Dutzend der Feinde hingestreckt, denen der Maulwurf geschäftig Handschellen anlegte.

Der Dachs ruhte sich indessen von all der Arbeit aus. Er lehnte auf seinem Stock und wischte sich den Schweiß von seiner Stirn.

»Maulwurf«, sagte er, »du bist der Größte von allen! Und du, Kröterich, schau nicht so verdrießlich drein! Wir haben dir dein Haus zurückerobert, und du bietest uns nicht einmal einen Happen zu essen an.«

Der Kröterich war ein bisschen beleidigt, weil der Dachs ihn nicht ebenso lobte wie den Maulwurf. Aber dann sauste er doch los und die Ratte hinterher, und bald fanden sie noch einen Rest Gelee in einem Glas, ein bisschen kaltes Hähnchen, ein Stück Zunge, das kaum angerührt war, ein wenig süßen Auflauf und auch noch eine ganze Menge Hummersalat; und in der Speisekammer stießen sie noch auf einen ganzen Korb voller Baguettes und Unmengen an Käse, Butter und Sellerie. Der Maulwurf rückte seinen Stuhl an den Tisch und machte sich über die kalte Zunge her; und der Kröterich, wie es sich für einen Gentleman gehört, vergaß seinen Neid und sagte herzlich: »Vielen Dank, lieber Maulwurf, für all deine Hilfe heute Abend und vor allem auch für dein kluges Verhalten heute Morgen!« Der Dachs hörte das gern und sagte: »So spricht mein tapferer Kröterich!«

Und so beendeten sie freudig und einträchtig ihr Abendessen und legten sich wenig später in frische Laken zur Ruhe, im Schutze des altehrwürdigen Stammsitzes des Kröterichs, den sie durch ihren unvergleichlichen Mut und den geschickten Einsatz von Stöcken wieder zurückgewonnen hatten.

74

Nach diesen aufregenden Ereignissen setzten die vier ihr bisheriges Leben, das so unsanft unterbrochen worden war, in großer Freude und Eintracht fort.

Manchmal, an langen Sommerabenden, sah man die Freunde zusammen im Wilden Wald spazieren gehen, der jetzt, zumindest für sie, ein gezähmter Wald war. Und es war eine Freude, zu sehen, wie respektvoll sie von den Bewohnern gegrüßt wurden und wie die Wieselmütter ihre Jungen zu sich riefen und sagten: »Schau, Kleines! Da läuft der große Kröterich! Und der da neben ihm, das ist die tapfere Wasserratte, ein fürchterlicher Kämpfer! Und dort drüben kommt der berühmte Herr Maulwurf, von dem dir dein Vater schon so viel erzählt hat.«